# Lala

## A Different Kind of Lizard
### Una lagartija diferente

By **Susana Illera Martínez**
Illustrated by **Natalia Jiménez Osorio**

snow fountain press

Lala. A Different Kind of Lizard
(Una lagartija diferente)

Copyright ©2020 Susana Illera Martínez // Lala the Lizard™ Series Book #1
Bilingual Hardcover Edition ISBN-13: 978-1951484019

Published in the United States by Snow Fountain Press 25 SE 2nd. Avenue, Suite 316 Miami, FL 33131 www.snowfountainpress.com // Illustrated by Natalia Jiménez Osorio // Design & layout: Susana Illera Martínez // English translation by Paula Valencia, Sumey Hageman & Silvia Rafti // Author photo: Paula Valencia

Connect with the author at www.susanaillera.com
🐦 👍 📷 @SusanaIlleraMartinez

Dedicated to ~ Dedicado a Mathias, Avery & Aiden

Because you deserve to live in a happy world,
where differences are celebrated.

Porque merecen vivir en un mundo feliz,
donde se respeten las diferencias.

In a beautiful garden,
next to the strawberry orchard,
lives a lizard named Lala.

Lala looks like any other lizard,
but something makes her different. Her father works at the
central tree, collecting fresh leaves for the ant colony.
Her mother is a teacher at the school where Lala
and her two sisters study.

En un hermoso jardín,
junto al huerto de fresas, vive una lagartija llamada Lala.

Lala aparenta ser una lagartija como todas, pero algo la hace
diferente. Su papá trabaja en el árbol central, recolectando hojas
frescas para la colonia de hormigas. Su mamá es maestra de la
escuela donde Lala y sus dos hermanas estudian.

In the afternoons, Lala goes with her sisters to a cool place known as the Pond by The Rock— the meeting place for all the young lizards in the garden.

There, she takes the opportunity to visit Ari, a lovely little spider who has been her friend since she was a hatchling.

En las tardes de paseo, Lala visita con sus hermanas un
refrescante lugar conocido como el Charco de la Piedra,
el punto de reunión de todas las lagartijas jóvenes del jardín.

Allí aprovecha para visitar a Ari, una simpática araña de la cual
se hizo amiga desde pequeña.

Lala's sisters judge her for this friendship.

"Are you crazy? How can you be friends with a spider?!", they criticize her, and threaten to tell their parents about the strange friendship. "Spiders are food!" they insist.

Lala refuses to ever bite or hurt an insect, especially her best friend, Ari. "I prefer to eat other things", she adds, without making a fuss so that her sisters would not expose her at home.

Sus hermanas la juzgan por esta amistad.

—¡Estás loca! ¿Cómo puedes ser amiga de una araña? —la critican todo el tiempo, amenazándola con contar a sus padres sobre esta extraña amistad— ¡Las arañas son comida! —insisten.

Lala les responde que ella nunca le mordería una pata a un insecto, y mucho menos a su mejor amiga Ari. —Yo prefiero comer otras cosas —aclara Lala sin armar mucho alboroto, para que sus hermanas no cumplan con sus amenazas de delatarla.

Every night for dinner, Momma Lizard serves a tray full of spiders, crickets, and mosquitoes for everyone to share.

Lala can't even bring them close to her mouth. "Ewww!" she squirms "No way!".

While her hungry parents and sisters are busy chewing on insects, Lala's strategy is to quietly munch on the surrounding leaves, seeds, and stems used to decorate the feast.

Todas las noches durante la cena, Mamá Lagartija sirve una bandeja repleta de arañas, grillos y mosquitos para deleite de la familia.

Lala no es capaz de acercar a su boca ninguna de aquellas criaturas, ¡guácala! ¡Imposible! Mientras sus padres y hermanas atacan hambrientos a los insectos, su estrategia es deleitarse calladamente con las hojas, semillas y ramas que decoran el festín.

Ari, is also different.

Although she lives in a spider web woven into a tree,
like the other spiders, her habits are also different.
Her neighbors ask her all the time:

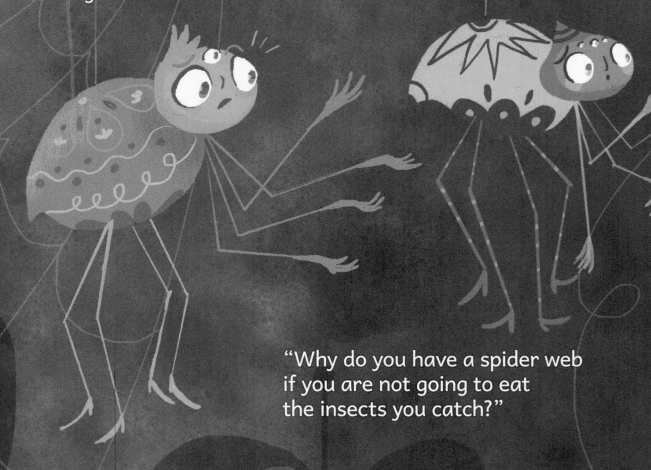

"Why do you have a spider web
if you are not going to eat
the insects you catch?"

Ari explains that she does not like to eat insects, and that her
web is just to keep her safe from predators. She confesses that
when she catches insects, she only makes them promise that
they will not disturb her, and then releases them unharmed.

Ari, la amiga de Lala, también es diferente.

Aunque vive en una telaraña tejida en un árbol, como las otras arañas, sus costumbres son especiales. Sus vecinos le preguntan todo el tiempo:

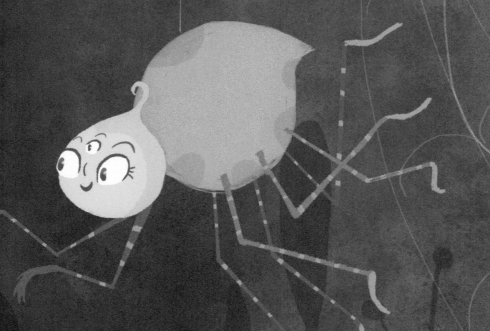

—¿Para qué tienes telaraña si no vas
a comerte a los insectos que atrapas?

Ari les explica que a ella no le gusta comer insectos,y que su red
la mantiene a salvo de predadores. Les revela que cuando
atrapa algún insecto le hace prometer que no la va a molestar
y luego lo deja libre.

Lala does not like keeping secrets from her parents, but she feels insecure. She's afraid that they might not accept her because she's different. Lala can't help but feel a little envious of Ari, who is free to tell her neighbors the truth about herself.

One night during dinner, one of the insects that Momma Lizard cooked for the family platter looked weird. It was not the usual bright green, but instead, it looked bloated and bruised.

As always, everyone at home was hungry, so they ate the food without a care, except for Lala, who discreetly filled her tummy with small leaves.

A Lala no le gusta tener secretos con sus padres, pero se siente insegura; teme que no la quieran aceptar por ser diferente. Por eso no puede evitar sentir un poco de envidia hacia Ari, que es libre de decir a sus vecinas que no come insectos.

Una noche, durante la cena, uno de los insectos que Mamá Lagartija cocinó para la bandeja familiar se veía raro, no estaba verde ni brillante, sino que lucía hinchado y amoratado.

Como siempre, todos en casa tenían hambre y se lo comieron sin chistar, con la excepción de Lala, quien con discreción se llenó su panza comiendo pequeñas hojas.

Nobody got a wink of sleep that night. Lala's parents and sisters had a terrible stomachache. The bug they ate was spoiled!

"Maybe it was poisoned?" asked dad, annoyed. "Are we going to die?" Her sisters asked in tears.

"Everyone stays calm!" Momma Lizard said, reaching in the cabinet for a special medicine she had saved for emergencies. "Just a few drops of this syrup, and we'll all be fine."

Más tarde, nadie podía dormir. Los padres y las hermanas de Lala sintieron mucho dolor de estómago ¡el insecto estaba malo!

—¿Estaría envenenado? —cuestionaba molesto papá.
—¿Vamos a morir? —preguntaban las hermanas, llorando y angustiadas.

—¡Cálmense todos! —dijo mamá, sacando de la gaveta una medicina especial que tenía para estos casos—. Unas gotas de este jarabe y estaremos todos bien.

When she was giving the medicine to her family, Momma Lizard noticed something very suspicious: Lala had not complained even once, she did not look pale like the others, nor did she ask annoying questions like her sisters.

"Sweetheart, are you feeling alright?" she asked. Lala tried to reply, but her sisters were quicker.

"Of course, she's alright! Our sister never eats insects; she only eats leaves and seeds! She is crazy!

Besides, she is friends with a spider!" they said, looking straight at Momma Lizard, who looked stunned.

Cuando Mamá Lagartija comenzó a repartir el jarabe notó algo muy sospechoso: Lala no se había quejado ni una sola vez, no se veía pálida como los demás ni hacía preguntas inquietas como sus hermanas.

—¿Hija? ¿Te sientes bien? —le preguntó. Lala quiso responder, pero sus hermanas se adelantaron.

—¡Claro que se siente bien! Nuestra hermana nunca come insectos, solo hojas y semillas, ¡está loca! Además, ¡es amiga de una araña! —dijeron mirando directamente a Mamá Lagartija, quien se veía sorprendida.

Lala was upset by the commotion, so she ran to her room crying without waiting for her parents' reaction.

In tears, she decided to run away to a place where she could be accepted instead of criticized, and without further thought— Lala escaped through the window.

Lala se puso muy nerviosa con el alboroto y se fue llorando a su cuarto sin esperar la reacción de sus padres.

Entonces, tomó la decisión de escapar de casa a un lugar donde la aceptaran sin criticarla. Sin pensar más salió por la ventana.

As dawn neared, Lala arrived
at her best friend's tree.

*Knock-Knock.* The sound echoed
through the tree trunk.
*Knock-Knock.* It rumbled louder.

Ari came out with a sleepy face;
it was very early! And Lala usually
visited her in the afternoon.

She asked her lizard friend what she was doing
away from home at such a strange time.

"I am different. I cannot stay here" Lala said
with teary eyes. "I'm not like anyone else here— except for you.
We should run away to a place where we are both accepted
just the way we are".

Rayando el amanecer,
Lala llegó donde su mejor amiga.

¡Toc, toc! Se escucharon
unos golpes en el tronco del árbol.
¡Toc, toc! Retumbaron más fuerte.

Ari se asomó con cara de sueño, ¡era muy
temprano!, y Lala acostumbraba
a visitarla por las tardes.

Preguntó a su amiga lagartija
qué hacía fuera de casa a esa hora.

—Soy diferente y no puedo
quedarme en casa —dijo Lala
con ojos llorosos—. Tú eres la única
que me entiende, debemos irnos
a un lugar donde nos acepten
tal y como somos.

Ari decided to support her friend, and so the duo started walking on the path exiting the garden. They had never been so far from the tree and the Pond by The Rock.
The landscape looked so different.

"Where are the grass and the flowers? I only see weird rocks," commented Ari. "What are we going to eat around here?"

Ari decidió apoyar a su amiga y emprendieron camino hacia la salida del jardín. Nunca se habían alejado tanto del árbol y del Charco de la Piedra. El paisaje les pareció muy diferente.

—¿Dónde están la hierba y las flores? yo solo veo piedras raras —comentó Ari—. ¿Qué comeremos en este lugar?

"I don't know," replied Lala. "But, I am now more worried about that thing on the wall."

It was a majestic bright orange lizard with jet black spots and the longest tail they had ever seen.Her eyes were fixed on the horizon when she suddenly felt the strangers' presence and turned her head to look straight at them.

"Mmmm, what do we have here?" said the great lizard. Lala and Ari were petrified, thinking that, most likely, the enormous reptile was not vegetarian like them and their destiny was to become her dinner.

—No lo sé —
respondió Lala—.
Pero ahora me preocupa más lo que está sobre ese muro.

Era una majestuosa lagartija de color naranja intenso, manchas negras como el azabache y con la cola más larga que habían visto jamás. Sus ojos estaban fijos en el horizonte, cuando de pronto sintió la presencia de las forasteras y volteó su cabeza para mirarlas directamente

—Mmmm. ¿Qué tenemos por aquí? —dijo la gran lagartija.Lala y Ari se quedaron petrificadas pensando que ese reptil tan grande, probablemente, no era vegetariano como ellas y su destino sería convertirse en su cena.

The orange lizard rapidly slid down the wall, and in an instant, it was standing in front of them, inspecting them from head to toe.

"What brings a lizard and a spider from the garden to this neighborhood?" she asked, as her tongue wandered from side to side, and her pupils enlarged while scanning the two visitors.

La lagartija naranja se deslizó veloz por la pared y en un instante ya estaba parada frente a ellas inspeccionándolas de pies a cabeza.

—¿Qué trae por estos rumbos a una lagartija y a una araña del jardín? —interrogó, mientras su lengua se paseaba de un lado a otro y sus pupilas se agrandaban y se achicaban observando a las dos visitantes.

"We are moving, Mrs. Lizard, ma'am; we have decided not to live in the garden anymore." Lala offered as an answer, while each of Ari's eight legs was shaking nervously.

"What? You're speaking nonsense, girl!" the lizard laughed so hard that her tail curled, and she had to hold her belly.

"That garden is a paradise for small creatures like you! Water, flowers, fresh grass, and insects to fill your bellies", she concluded, pointing to her own belly, growling at the thought of food.

—Nos estamos mudando, Señora, doña Lagartija, hemos decidido no vivir más en el jardín —arriesgó Lala como respuesta, mientras a Ari le temblaban cada una de sus ocho patas.

—Pero ¡qué locuras dices, niña! —respondió con una carcajada que la hizo enroscar la cola y sujetarse la barriga—. ¡Ese jardín es el paraíso para criaturas como ustedes!

Agua, flores, hierba fresca e insectos para llenar sus barrigas hasta reventar —concluyó señalando su propia panza que soltó un gruñido al pensar en comida.

"We do not eat insects. We are vegetarian!" Ari said nervously.

"Oh! I see. And what is the matter? The leaves around the pond are not enough for gourmet folks like you?" the orange lizard added mockingly.

Lala proceeded to explain that because they are different, their families and friends would never accept them. She narrated the events of the previous night at home, and told the great orange lizard she felt nervous to be rejected—or worse: that one day, her best friend, Ari, would become the meal.

—Nosotras no comemos insectos. ¡Somos vegetarianas! —afirmó Ari, nerviosa.

—Oh, ya veo. Y, ¿qué hay con eso?, ¿las ramas del charco no son suficientes para su paladar? —agregó la gran lagartija con tono de burla.

Lala entonces explicó que por ser diferentes su familia y amigos no podrían aceptarlas. Le relató lo sucedido la noche anterior en su casa, el miedo que sentía de que su familia la rechazara y de que un día su mejor amiga terminara siendo parte del menú de la cena.

"I understand your fear, ladies, I have felt it too. For a long time, I lived away from others because I considered myself different; my colors are alarming, and because of my size, I can never go unnoticed. I look terrifying, even though it is not my intention," said the orange lizard.

"I have learned, however, that my appearance does not dictate who I am; on the contrary, I am proud to be different, and I am happy," she affirmed.

"If we were all the same and liked the same things, this world would be very boring."

—Entiendo su temor, señoritas, yo también lo he sentido. Durante mucho tiempo viví alejada de otros por considerarme diferente; mi color es alarmante y por mi gran tamaño nunca consigo pasar desapercibida. Infundo terror, aunque no sea mi intención —relató la lagartija naranja.

—Sin embargo, he aprendido que mi apariencia no dicta quien soy; por el contrario, estoy orgullosa de ser diferente y soy feliz —aseguró—.

Si fuéramos todos iguales y nos gustaran las mismas cosas, este mundo sería muy aburrido.

Lala and Ari listened to her stories for hours, watching in wonder. Suddenly, they realized how late it had gotten, and the great lizard told them it was time for her to go home.

"So, you do not live here, away from others?" Lala asked.

"Of course not! I have a family and friends who support me and accept me, even if I'm not like them or don't always do things as they do," she concluded joyfully, and then she advised them, "go back home, it's about to get dark."

Lala and Ari admired the lizard's imposing silhouette as she went away and disappeared between the cracks of the wall.

Lala y Ari la escuchaban maravilladas, y como el tiempo vuela cuando uno está entretenido, de repente se hizo tarde y la gran lagartija les dijo que era hora de marcharse a casa.

—Entonces, ¿no vives aquí, alejada de todos? —preguntó Lala.
—¡Claro que no! Tengo familia y amigos que me apoyan y me aceptan, aunque no siempre sea o haga las cosas como ellos. —concluyó con alegría y luego les aconsejó—: vayan a casa, se acerca la noche.

Lala y Ari observaron la imponente silueta de aquella lagartija alejarse hasta desaparecer entre las grietas de la pared.

On the way home, Lala was very nervous because she knew that running away had not been the best decision, and that it was time to face their differences once and for all.

When Momma Lizard saw Lala and Ari from the doorframe, she ran towards them, giving them each a big squeeze. She was joined by Dad, and Lala's sisters, who were all feeling excited and relieved.

"Mom, I'm sorry," Lala began to say regretfully.

"We are your family; we will always support you, and all we want is your happiness." Her mother replied fondly.

Camino a casa, Lala estaba muy nerviosa porque sabía que huir de su hogar no había sido la decisión correcta y, además, debía conversar con su familia acerca de sus diferencias.

Mamá Lagartija, al verlas desde la puerta, corrió hacia ellas, con emoción y alivio, para darle a Lala un gran abrazo, al que se unieron su padre y sus hermanas, todos estaban muy preocupados.

—Mamá, lo siento —comenzó a decir Lala, arrepentida. A lo que su madre con cariño respondió:

—Somos tu familia, siempre te apoyaremos y lo único que queremos es tu felicidad.

That night they celebrated with a very special dinner.

There was music, colorful lights, and TWO platters with tasty treats on the table. The first had the usual fresh insects, and the second was vegetarian platter; filled with flowers, sunflower seeds, rosemary, and spearmint leaves.

Lala had a huge grin across her face. She felt loved and accepted by her parents, sisters, and Ari- who from that night on was not only her best friend, but part of the family.

THE END

Esa noche celebraron con una cena muy especial.

Hubo música, luces de colores y en la mesa dos bandejas con apetitosos manjares: una, con sabrosos insectos, ¡todos frescos!; y otra con flores, semillas de girasol, hojas de hierbabuena y romero.

¡Lala estaba muy feliz! Lo demostraba con su gran sonrisa de amor hacia sus padres, sus hermanas y Ari, quien desde esa noche no solo fue su mejor amiga, sino que pasó a ser parte de la familia.

FIN

A very special **thank you**
to everyone that helped this dream of publishing my first children's
book become a reality. Thank you Avery! Your love for lizards
inspired me. And an eternal thanks to you, **papá**, for loving us just
the way we are. You will always be in my heart.

Learn more and connect
with the author at
www.susanaillera.com

Un **gracias** especial
a todos quienes pusieron su granito de arena para que este sueño
de publicar mi primer libro infantil se convierta en realidad.
¡Gracias Avery!, tu amor por las lagartijas me inspiró.
Y un gracias eterno a tí **papá**, por amarnos tal como somos.
Siempre estarás en mi corazón.

**Susana**, is a writer, designer, and aspiring poet from the beautiful Cali, Colombia. She lives in Miami, Florida, where she enjoys taking pictures of sunsets, her orchids, and her two cats.

The first book in the Lala the Lizard™ series, *Lala, A Different Kind of Lizard,* won second place in the International Latino Book Awards for Most Inspirational Children's Picture Book.

**Susana**, originaria de la bella Cali, Colombia, es escritora, diseñadora y aspirante a poeta. Vive en Miami, Florida donde disfruta fotografiando el atardecer, sus orquídeas y a sus dos gatos.

El primer libro de la serie Lala the Lizard™: *Lala, una lagartija diferente,* obtuvo el Segundo lugar en el International Latino Book Awards en la categoría de libros ilustrados para niños más inspiradores.

Don't miss out on Lala the Lizard's
second book in the series!

**Lala and the Pond by The Rock**
(Lala y el Charco de la Piedra)

CPSIA information can be obtained
at www.ICGtesting.com
Printed in the USA
BVHW020202190922
647387BV00005B/12